mulher ao mar
brasil

margarida vale de gato

mulher ao mar
brasil

© Moinhos, 2021.
© Margarida Vale de Gato, 2021.

Edição:
Camila Araujo & Nathan Matos

Assistente Editorial:
Karol Guerra

Revisão:
Ana Kércia Falconeri Felipe

Capa:
Sergio Ricardo

Projeto Gráfico e Diagramação:
Luís Otávio Ferreira

Nesta edição, respeitou-se o Novo Acordo Ortográfico da Língua Portuguesa.

Dados Internacionais de Catalogação na Publicação (CIP) de acordo com ISBD

G261m   Gato, Margarida Vale de
Mulher ao Mar Brasil / Margarida Vale de Gato.
- Belo Horizonte, MG : Moinhos, 2021.
104 p. ; 14cm x 21cm.
ISBN: 978-65-5681-056-0
1. Literatura portuguesa. 2. Poesia. I. Título.
2021-735
CDD 869.108
CDU 821.134.3-1

Elaborado por Vagner Rodolfo da Silva - CRB-8/9410

Índice para catálogo sistemático:
1. Literatura portuguesa : Poesia 869.108
2. Literatura portuguesa : Poesia 821.134.3-1

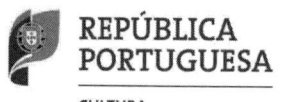

REPÚBLICA PORTUGUESA
CULTURA
DIREÇÃO-GERAL DO LIVRO, DOS ARQUIVOS E DAS BIBLIOTECAS

DECLARAÇÃO DE
INTENÇÕES — **7**

VALA — **8**

MULHER AO MAR — **9**

ANIVERSÁRIO — **10**

DO CONSUMO DO
DESEJO — **12**

CAT PEOPLE — **14**

TERESINHA — **15**

INTERCIDADES — **17**

CAT PEOPLE — **19**

PARADOXO — **20**

MUTILAÇÃO — **21**

PRIVAÇÃO E MANÁ — **22**

PROVAÇÃO — **24**

ESTE FRUTO O MEU
CORPO — **26**

ÉMULOS — **28**

SENHORA DO Ó — **29**

DO TEU NASCIMENTO — **30**

COM PAIXÃO E
HIPOCONDRIA — **32**

FEITICISMO — **33**

PRINCÍPIO DO ESCURO — **34**

CARAVELA — **35**

DESLOCALIZAÇÃO DA
PRIMAVERA — **36**

RUA DO CARDAL À
GRAÇA — **37**

CENAS — **38**

BARROCO DA PENHA
DE FRANÇA — **41**

SE SINTO ISTO AQUI
CHIAR CÁ DENTRO — **42**

AS JUSTAS PARTILHAS — **43**

COPING — **44**

HÓSPEDE SUSPEITO — **46**

ANIVERSÁRIO (II) — **48**

AGOSTO — **49**

RESSABIADAS — **50**

ASSEMBLEIA POPULAR — **52**

RECONHECIMENTO — **53**

TALVEZ A INJEÇÃO LETAL — **55**

ANNA KARENINA — **56**

CHRISTINA ROSSETTI — **58**

EMILY DICKINSON (III) — **59**

MEDEIA — **60**

PRENDAS — **62**

SOPHIA DE MELLO BREYNER ANDRESEN — **64**

MAYA DEREN — **65**

MARIANNE MOORE — **67**

A IMAGEM ROMÂNTICA — **68**

NOVA ESTAÇÃO — **69**

CHAT — **70**

SEGUNDA HABITAÇÃO — **71**

AMARO — **72**

ALICE — **74**

CADDY — **76**

SEGUNDO AMOR — **78**

ROMA — **79**

IMPÉRIO — **80**

MEDITERRÂNEO — **81**

DIES IRAES — **83**

TORRE DA CANÇÃO — **84**

SUBIDA AO PICO — **85**

X-ATO — **87**

LANÇAMENTO — **90**

CONFISSÃO PASCAL — **91**

RUI COSTA, CABEÇUDO, POR TUDO — **94**

MULHER AO MAR – UMA REVOLUÇÃO — **97**

DECLARAÇÃO DE INTENÇÕES

Para aqueles que insistem diluir
isto que escrevo aquilo que eu vivo
é mesmo assim, embora aluda aqui
a requintes que com rigor esquivo.

À língua deito lume, o que invoco
te chama e chama além de ti, mas versos
são uma disciplina que macera
o corpo e exaspera quanto toco.

Fazer poesia é árido cilício,
mesmo que ateie o sangue, apenas pus
se extrai, nem nunca pela escrita

um sólido balança, ou se levita.
Então sobre o poema, o artifício,
a borra baça, a mim a extrema luz.

VALA

não sou assim tão lírica
mas mistura-me láudano
no fel, sobra-me inferno
para a neurastenia
descorrói, se podes
o zelo do ódio
do espelho próximo

nem sou tão flor
mas coloca-me por fora
com um vinco de luz
um afinco de corrente
não me deites terra
não te impacientes
se morro na minha época

não sou bandeira
épica, mas sopra-me
dobra-me e desprega-me
com repelões de vento
enrola-me se puderes
quando me adiantar
à frente das explosões

MULHER AO MAR

MAYDAY lanço, porque a guerra dura
e está vazio o vaso em que parti
e cede ao fundo onde a vaga fura,
suga a fissura, uma falta — não
um tarro de cortiça que vogasse;
especifico: é terracota e fractura,
e eu sou esparsa, e a liquidez maciça.
Tarde, sei, será, se vier socorro:
se transluz pouco ao escuro este sinal,
e a água não prevê qualquer escritura
se jazo aqui: rasura apenas, branda
a costura, fará a onda em ponto
lento um manto sobre o afogamento.

ANIVERSÁRIO

Há tanto tempo eu
trazia um vestido curto nós
subíamos as escadas eu
à frente sem reparar deixava
as pernas ao desamparo do teu
agrado, tínhamos bebido ao meu
futuro e era uma fuga o teu
presente um disco que me deste
reluzia em semi-círculo e a nós
excitava seriamente escapar eu
fazia vinte anos tu
relanceavas-me as pernas eu
abandonava a adolescência
nem olhara para trás tu
miravas-me as pernas de trás. Nós
subíamos ao telhado eu
trazia um vestido curto nós
estávamos tristes creio tu
fingias-te um sátiro e nós
subíamos ao alto desarmados.

O tambor do sol batia
nos olhos que a luz e o álcool e a luz
e o álcool diminuíam
e os brancos raiavam o solstício
incandescentes eu
fazia vinte anos tu
tinhas-me dado uma música eu
rodava-a na mão e o sol
girava no gume do metal eu
de vestido curto descrevia

um círculo de desejo nós
estávamos tristes creio nós
tínhamos subido e a crista
das telhas beliscava na pele
petéquias de luz e tu
ao disco do sol dançavas e eu
de olhos cegos espiava fazia calor nós
tínhamos bebido e tínhamos calor eu
já tinha vinte anos nós
éramos o grande amor.

DO CONSUMO DO DESEJO

Como saber se isto é o esforço
que pede à carne o espanto do mundo
ou se é pretensão de arte o esquecer
à porta toda uma noite a chave
para acolher cupidamente
o imprevisto o amor a rapina
na ânsia excitada do que somos
a seguir capazes de fazer?
se é este o estrénuo abandono
ao inquieto instante ou se antes
nos ilude a evasão? tão ténue
a fronteira entre a fuga e a oferta.
Tu estás do outro lado e eu não
sei como chegar e se escavar
um túnel sob o mar pode haver
maior exumação antes de ti:

tudo o que sepulta o passado —
ruínas de outros, o mudo lodo
sem que haja o modo de dragar;
e o dilatar-se o curso e não
cumprir-se o nosso encontro. Mau grado
a grande apneia o imenso hausto
cruzam-se os destroços e entravado
o túnel cerca e serpenteia

eu devia ter tentado o voo
porém faltava-me o equilíbrio;
devia ter optado pelo arroubo
todavia não sabia preces;
não tinha a palavra de salvar
a senha que consagra e exonera;
só tinha este corpo para entrar
e um tacto insolente para abrir

CAT PEOPLE

Curiosa a tribo que formamos, sós
que somos sempre e à noite pardos,
fuzis os olhos, garras como dardos,
mostrando o nosso assanho mais feroz:

quando me ataca o cio eu toda ardo,
e pelos becos faço eco, a voz
esforço, estico e, como outras de nós,
de susto dobro e fico um leopardo

ou ando nas piscinas a rondar —
e perco o pé com ganas sufocantes
de regressar ao sítio que deixei

julgando ser mais fundo do que antes.
A isto assiste a morte, sem contar
as vidas que levei ou já gastei.

TERESINHA

Aquele que amei tive de deixar no sítio
mesmo onde nunca soube perdoar:
aí persiste observando o rancor
que lhe impede a respiração da pele
até ao dia em que se desfará —
pedaços de lepra contra a consciência.
Pratico com ele a indiferença, exigente
solução de diluir o que não irá mudar.

Aquele que instintivamente toquei
não deu mais satisfações;
imagino-o absorto numa oficina
com um escopro ou um compasso
descrevendo a solidão, satisfeito consigo
ou no convívio de terceiras pessoas.
Por ele, sem que tenha esquecido
disciplinei o corpo a emudecer.

Aquele a quem um instante quis chegar
não fica, antecipa partidas, vai
e volta, vai mais vezes do que volta;
retira as esperanças, logo não desilude:
quando vem traz o coração aberto
e os braços um tanto ocupados.
Admito com ele ter suspendido
a franqueza em virtude do acanho.

Aquele a quem não pedi nada
e que não invoco às manhãs,
aparece todavia pelas tardes com notícias
e tempo, que estende em desafogo aparente
às vezes na cama demora quanto quer
e deixa os lábios no meu ombro.
Trato com ele a justiça que suscita
o que reconhecemos e não nos interroga.

INTERCIDADES

galopamos pelas costas dos montes no interior
da terra a comer eucaliptos a comer os entulhos de feno
a cuspir o vento a cuspir o tempo a cuspir
o tempo
o tempo que os comboios do sentido contrário engolem
do sentido contrário roubam-nos o tempo meu amor

preciso de ti que vens voando
até mim
mas voas à vela sobre o mar
e tens espaço asas por isso vogas à deriva enquanto eu
vou rastejando ao teu encontro sobre os carris faiscando
ocasionalmente e escrevo para ti meu amor
a enganar a tua ausência a claustrofobia de cortinas
cor de mostarda tu caminhas sobre a água e agora
eu sei
as palavras valem menos do que os barcos

preciso de ti meu amor nesta solidão neste desamparo
de cortinas espessas que impedem o sol que me impedem
de voar e ainda assim do outro lado
o céu exibe nuvens pequeninas carneirinhos a trotar
a trotar sobre searas de aveia e trigais aqui não há
comemos eucaliptos eucaliptos e igrejas caiadas
debruçadas sobre os apeadeiros igrejas caiadas
meu amor
eu fumo um cigarro entre duas paragens leio
o Lobo Antunes e penso as pessoas são tristes as
as pessoas são tão tristes as pessoas são patéticas meu
amor ainda bem que tu me escondes do mundo me escondes
dos sorrisos condescendentes do mundo da comiseração

do mundo
à noite no teu corpo meu amor eu
também sou um barco sentada sobre o teu ventre
sou um mastro

preciso de ti meu amor estou cansada dói-me
em volta dos olhos tenho vontade de chorar mesmo assim
desejo-te mas antes antes de me tocares de dizeres quero-te
meu amor hás-de deixar-me dormir cem anos
depois de cem anos voltaremos a ser barcos
eu estou só
Portugal nunca mais acaba comemos eucaliptos
eucaliptos intermináveis longos e verdes
comemos eucaliptos entremeados de arbustos
comemos eucaliptos a dor da tua ausência meu amor
comemos este calor e os caminhos de ferro e a angústia
a deflagrar combustão no livro do Lobo Antunes
comemos eucaliptos e Portugal nunca mais acaba Portugal
é enorme eu preciso de ti e em sentido contrário roubam-nos
o tempo roubam-nos o tempo meu amor tempo
o tempo para sermos barcos e atravessar
paredes dentro dos quartos

meu amor para sermos barcos à noite
à noite a soprar docemente sobre as velas acesas

barcos.

CAT PEOPLE

Curiosa a tribo que formamos, sós
que somos sempre e à noite pardos,
fuzis os olhos, garras como dardos,
mostrando o nosso assanho mais feroz:

quando me ataca o cio eu toda ardo,
e pelos becos faço eco, a voz
esforço, estico e, como outras de nós,
de susto dobro e fico um leopardo

ou ando nas piscinas a rondar —
e perco o pé com ganas sufocantes
de regressar ao sítio que deixei

julgando ser mais fundo do que antes.
A isto assiste a morte, sem contar
as vidas que levei ou já gastei.

PARADOXO

para o Jorge

Engana-se tempo ausência solidão
silêncio luz que falha demência —
A poeta escreve sempre na prisão.
Permite-o a linguagem: pode
montar-se um mundo povoá-lo pode
bater-se à colher com persistência
na húmida pedra oclusa a palavra
não
precisas vezes para ser verdade

mas a liberdade talvez exista
só na recusa da eloquência.

MUTILAÇÃO

Se por fora não pareço oca dentro
podre ao centro estou.

Sem querer armar-me em modernista tenho Alturas
em que experimento a lúcida perceção
quase materialista e táctil
do progresso da loucura
sou tal película sobre-
posta sobre-exposta a
precipitado cálculo de abertura —

aí o pânico a insónia eu cindida.
Só escrever me alivia um pouco
e dantes inclusive consolava;
agora é mais um corte
que sob a pele se exerce a prevenir
a coisa mais violenta que me pulsa na cabeça
e compulsivamente desta forma se escoa
mas não seca nunca estanca apenas se desloca.

E quanto disto não assenta na suspeita
de que me torno assim pior pessoa?

PRIVAÇÃO E MANÁ

para o Miguel

Esta banda de chapa que não quebra
o meu diafragma — por isso tanto
custa estender um verso ao vento.
Por isso tudo é húmido cá dentro.

Esta prótese que trago pela carne
minha contracepção — por isso é
que me falta sempre ar e esta merda

não dá broto nem caroço não ar-
ranca não passa de garganta

Posso batê-la ao sol e surpreendê-la
a faiscar. Não posso não cegar.
Posso, porém, dar cabo de pensar
em mim e me engasgar
de tanto mirrar olhos e goela

e os pulmões. Posso sair à praça
dar preço a estes órgãos, perceber
que a minha classe é essa que os respigas
vão escolher? Nessa parte eu seria
trocada de deíctico. Nós os furas

nós forasteiros, nós os não-lugar

nós patifes, nós os Chão do Loureiro
que se plantam no fecho do Lidl
para apanhar

nós raid rupestre, hodierna tribo
com nossas narinas de utopia e caverna

PROVAÇÃO

para o Nuno

nós e a nossa imensa *angst*
em posição de feto
na cama de viagem
onde tudo balança
como quando
no ventre da baleia
como quando
se coze a bebedeira
e se destila o cheiro
e se desgasta a líbido
afinal foi fútil
termos vindo

se poupámos nos jantares
para pagar os livros
para aqui pararmos
para sucumbirmos
à ilusão da odisseia
a este quarto sem bagagem
incluído no pacote
da companhia *low cost*
que se foda
não é só mania
de deitar poias
ao raio da poesia

é que temos contas
a fazer com Deus
não te parece
com a sua bata branca
enquanto nós bestas
cheios de cornos
vagimos
pelo bafo plácido
da grande vaca quente
que pasta no abismo
não era nada preciso
termos vindo não
achamos como toda a gente

ESTE FRUTO O MEU CORPO

e dedicada, disse ela,
"será branca como a neve" por isso
ruídos de espinhos por isso este medo
pavor de crescer de ver
o corpo mudado em formas de pousar
as mãos curvas minha pele branca
como a neve por isso
o caçador ambíguo por isso
o coração terno por isso
o fígado colérico por isso
o tenro fruto alvo
que atravessa a úvula
dobrada de medo adormeço
abraçada ao abismo deslizo
na risca quebrada no espelho
sou a virgem a velha o fio
do punhal o caçador na floresta
a mãe à janela a lua a brilhar
a bruxa a estragar o fim
da floresta
qual coisa carnal vulgar
rosa escura rosa rubra rosa
medusa brava a gritar
na noite um dom
todavia me unge
se insinua por isso
porque não amor
caçador bom
quem parta comigo
este fruto o meu corpo
tomá-lo e comê-lo

que trago há tanto tempo
este sumo o meu sangue
tomá-lo e bebê-lo
que guardo por abrir faz
tempo no castelo
no trinco da garganta
na torre da neve
cujo morro inatingível
retoco com a boca, me movo
desengasgo, solto, escorro

ÉMULOS

Foi como amor aquilo que fizemos
ou tacto tácito? — os dois carentes
e sem manhã sujeitos ao presente;
foi logro aceite quando nos fodemos

Foi circo ou cerco, gesto ou estilo
o acto de abraçarmos? foi candura
o termos juntos sexo com ternura
num clima de aparato e de sigilo.

Se virmos bem ninguém foi iludido
de que era a coisa em si — só o placebo
com algum excesso que acelera a líbido.

E eu, palavrosa, injusta desconcebo
o zelo de que nada fosse dito
e quanto quis tocar em estado líquido.

SENHORA DO Ó

Faemina circundabit virum.
Jer 31:22

Sendo Ele o objeto do anelo
e o meu colo o sujeito que anelava,
em mim logrou a forma que buscava
e logo anel formou para contê-lo.

E a roda do tempo em mim se trava,
em mim se imprime e grava o eterno selo,
pois todo o meu Amado eu desejava,
esticando minha pele para acolhê-lo;

Em mim Ele se move e tem repouso
e Ele é o varão, eu a donzela,
e Ele está em mim e eu estou n'Ele

e este é o mistério mais gozoso,
ser Ele a pedra dura que por dentro
circula e mergulha no meu centro.

DO TEU NASCIMENTO

I

já não sente este corpo, dói e come-
-se por dentro e é só cego animal
na oca luz do foco do hospital
pela qual a enfermeira sem nome

empurra as mãos como colher cavando
os muros do casulo de água duro
onde deves vir ao colo maduro:
mas és arisca e esquivas-te, nadando

a salvo do isco que te procura —
até que a tua nuca desemboca
na minha boca, e ela te segura

com seus dedos hábeis, te desloca
e por certeiro corte se desata
o nó da corda que de mim te aparta.

II

como eu palavras busco que pensar
o amor que em dor se haure e me sufoca
meu leite busca brusca tua boca
do ventre que acabou de te soltar,

me assalta primitivo o incontido
materno sentimento imprevisto
dos corpos fluidos mútuos e vertidos
que um no outro se acham repetidos;

e se recolhe enfim teu cenho feio,
teu choro sem governo no meu colo
sossega e dá lugar, sugando o seio

a um semblante humano que consolo.
De ti esperei tudo e agora isto:
que em ti o excesso meu se ache visto.

COM PAIXÃO E HIPOCONDRIA

Confortamo-nos com histórias laterais,
evitamos o toque, há risco de contágio;
por mais que preservemos a franqueza
passou o estágio já da frontal alegria:
estamos bem, obrigada, embora aquém
de antes — entretanto admitimos não
saber, e enquanto resta isto indefinido
mesmo com luvas, pinças de parafina
não sondamos mais, sob pena de crescer
um quisto nesse incisivo sítio onde
achámos sem tacto que menos doía

FEITICISMO

É verdade que quando eu contigo
me inclinava o mundo por instantes
recuava. Entreguei-me a ti aberta
como nunca porque querias ver-me,
e já então pelos teus olhos eu
gozava. Quando, pois, te evaporaste
com uma espantosa fixidez
mandei o espírito buscar-te o corpo
e amar nele e tornar-se um outro
que atravessava as tuas mulheres.

Investi a crueza que evitei
connosco: saciei-me assim de início
marcando até algumas, contra
a evidência de que entre dois
o mais violento não tem testemunhas.

Tanto me apliquei que cheguei a crer
que tu retribuías. Iludi-me
na complacência de, tomando outros,
me devolver também a ti. Porém,
foi-me custando mais a cada vez

voltar.

PRINCÍPIO DO ESCURO

Acordei hoje como se fosse natural-
mente necessário ter o comprimento
do teu corpo na minha cama e estranhei
que não me abraçasses, nem preenchesse
o encaixe da tua pélvis
as minhas nádegas, a tua mão
sobre o meu monte, os teus joelhos
encostados à dobra onde os meus flectem.
Vês daí como tudo aqui ainda e sempre
treme continuamente, e a descompasso
do real, todos os dias tenho calores
de imaginação, trabalho a líbido
do cansaço, se fecho os olhos não durmo
e ao invés viajo dentro de mim
enchendo-me de corpos, fricções. Depois
no outro plano, já sentiste, custa-me
estar presente: das consecutivas vezes
que nos tocámos na boca, estudei os beijos
como uma alegoria embaraçosa:
tudo sob o comando diferido
da cabeça, com tensão mais que tesão
a minha língua esgrimia a tua, quase
nada clamava ou humedecia, talvez
exceptuando um latido pequeno de amor
a pingar com irritação, não sei
e além do mais haveria que indagar
se realmente são compatíveis as nossas
espécies, se isso é motivo de inevitabilidade
ou de eu precisar das tuas carícias
nos anéis das cervicais, ou dos teu dedos
na pele ou o princípio do escuro
a partir do perímetro da cintura.

CARAVELA

para a Rita

E depois é preciso chamar os amigos
para soprar os versos todos mas há dias
tantos que nenhum nos visita. Ligamos-lhes
ou não lhes ligamos estão fora noutras tarefas.
Separarmo-nos de quem fomos não tem
mal, enganarmo-nos de longe também
não será o caso. Criámo-nos as filhas
trocámos cartas de madrinhas de guerra.
Eu esqueci-me de como engatilhar a bomba
no dia em que bebemos muito além da conta.
Lembras-te. Dos enjoos do mar à tareia
na tua juventude zangada? Do tempo
em que temíamos mais que nos descobrissem
a celulite do que as manhãs? Das tenazes
façanhas — durmo sozinha no relento —
que nos trouxeram aqui pouco mais ou menos

firmes peladas enxutas e em excesso?
E do mar nos cabos soltos e o grande vento
o chicote nas velas e dentro treva era
e não era nada deste estilo, os versos

se vierem que liguem serão líquidos

DESLOCALIZAÇÃO DA PRIMAVERA

a despedida de Setembro, o diagnóstico de outubro
dão azo desta vez a uma melancolia remota
somente; são gralhas que não gritam neste calendário
decerto extemporâneo; e nós somos o mês de maio
migrante, pássaros que não distam dos dias curtos já
que deslumbradamente as penas luzem: invés de cinza,
uma patine de prata — vantagem devida à lua
que roda e dura agora mais que o sol — e o tempo assim
é amor que não azeda mas demora na reserva

RUA DO CARDAL À GRAÇA

aqui da Graça com Sol
às altas janelas duma casa
e rua sem história tem subido
hora a hora aos vidros
e a um céu de impostora clareza
o assobio estrídulo do amolador
encostado como os pássaros
à promessa da Primavera

gostaria até de ter navalhas murchas
para a sua tarefa

mas tão alheio me é o orgulho
quanto estrangeiro o sentido da memória
de mais tangíveis contornos quero
penso às vezes esta espera embora
pouco pese — e mesmo pressinta
que por isso adoce a existência. E eu
aqui agora nestes minutos meço
se vale ou não o desejo de empreender
no golfo que dista entre isto e o que será
— do banal ao ideal, a simples evidência —
ou o que há em mim a reconhecer
se me chegasses a ver.

CENAS

para o Ivo

Quando jovem deslumbrada às vezes embarcava
em viagens, não vem ao caso, já então era pelintra
o teatro para mim era cheio de torcidas na cadeira
e como o mar os atores estalavam além das pessoas
falavam e moviam um caudal quase
tanto como a massa da água
era como se inspirassem demais e quando ficavam bravos
não havia arnezes que os amarrassem ao convés dos palcos.

Aportámos certa noite no Chiado a ver o Godot:
um palhaço, um sujeito, um carril
betumado no estaleiro de Deus
era duro e o ar pálido e crespo o avesso de um fruto —
provável efeito de papelão e luzes, ressoava o tablado de oco
e do subpalco esvaíam-se os atores além das pessoas.

Mas no final o Mário Viegas tornou a si do carácter
e à boca de cena como Balzac acusou
a atitude da espectadora que à entrada displicente
com um assobio desfalcado e um mal
amolado estalo dos dedos
exclamara que era roubo o preço do teatro
quando tanto da vida davam os atores às vezes sob tortura
quando a juventude irreal esbanjava fáceis fortunas.

Eu era a insolente e por mais que me afundasse
não achei no pânico a escotilha na plateia
e enjoei e engoli meio desfeita pelas têmporas
por todo o esterno empolgado, por instantes só quis
que o Mário Viegas não tivesse existido
se não pudesse calar-se
relevar, abençoar, envolver no seu pullover
a minha cabeça rubra à raiz dos cabelos
desmerecida então do mar do teatro de velas e pinturas.

Na saída dos artistas fiquei aflita para lhe falar
mas nenhum esperava e nenhum torceu
e garrulei sobre o acesso à cultura em vez de o abraçar
e acabei por seguir dali no carro dos amigos que tudo
calaram, e o condutor com o nariz colado à cana
levou todos a casa para se me confessar a sós
apaixonado, o que era absurdo e sórdido.

Pouco depois deixei de embarcar
mas não fiquei por ali nem passou o pior:
anos mais tarde com meu amor num bar que salvo o erro
tinha nome religioso houve um outro Mário mais novo
que também era do teatro. Eu já devia ter parado de beber
e não me agradava a conversa que creio ter sido
ou eu ter entendido acerca de gajas de toda a maneira
eu já não era tão jovem e sofria mais.

E sempre cobarde dirigindo o juízo ao que menos contava
a minha mão voou aberta à bochecha do novo Mário
e ele inchou, senão de dor, de rancor, todo
transfiguração e ultraje, nisso vendo a deixa
para colocar a mais alta voz da representação
no vitupério das minhas maneiras, das minhas peneiras
tristes cenas e duques e bobos todos da madrugada

a saber que eu não valia um chavo, que
insultara um falecido génio
naquela fatídica noite onde aquele próprio
ferido Mário estivera e não esquecera.

Por todas as minhas desintegridades
me desculpem os Mários, o teatro e a equação da arte
com o bem, mesmo se não more aí o seu maior veículo
me desculpe o mar além disso
sem totalmente vir ao caso peço só
me possam perdoar amigos que não defendi.

BARROCO DA PENHA DE FRANÇA

É densa a escuridão que me separa
das minhas traseiras e o ar opaco
no terceiro andar. Porém é facto
que sempre enfrento a simetria rara

entre o espelho mágico do WC
do vizinho e o quarto a cuja janela
escrevo. Vejo-o a ele amiúde em pêlo
sendo dia, só que à noite me vê

eu: no fronteiro vidro coço minha
cabeleira e cogito versos esquerdos
sem entender que oposta e má menina

em plano de Velasquez me persegue.
Não nego seduzir o que me impede
se quanto me limita me ilumina

SE SINTO ISTO AQUI CHIAR CÁ DENTRO

De qualquer forma sei como encontrar
quem alivie. Nem o problema está
em que não sejas tu. Antes será
que venham mas não tenha que lhes dar,

atribuir-lhes uso, não lugar:
esse amplo espaço que te abri, já
feito o trespasse, o isolei; aliás
de ti adopto o jeito de vedar

e embora admita que também estalas
há que emplastrar de novo a cal, o gesso
e sem falta cobrir as decepções,

que cesse o eco, quando ainda me falas
esticada como antes, tua, tesa.
Tudo estanque, agora, é raro o ar

um silvo só arranha entre os pulmões.

AS JUSTAS PARTILHAS

brutalmente frugal o que levaste:
a mais sobraram umas falhas
falta luz digo falta espaço
disseste como se fora
o que sempre te faltou mas
o tempo igualmente se esgotou
e não há penalização
por tudo
nem se compensam as manchas
do nada
que resta e acastanhece na casa
e que me não cabe e
se dantes coube nunca
eu soube dissolver

COPING

Ficar quieta é técnica que já
aplico com rigor, e no preciso
sítio em que pulsa paraliso
tudo, quem está morto livre está.

Creio que começou quando cedeu
o avô. Alguém disse: afinal
o coração não aguentou. Eu
pensei: mais vale declinar o abalo

mas também não cheguei nessa altura
até ao fim. Escangalhei-me na novena
aos degredados filhos de Eva.
Iniciei-me então nos barbitúricos

e hoje passo bem melhor. Às vezes
é um jogo, em que recorro ao coito
antes da apanhada, e se esgoto
essa via, dedico-me à mimese,

diluo-me com os objectos, tudo
me toca mas nada dá por mim, tão
imóvel que me ignora a dor, não
há como acordar um corpo mudo.

Por exemplo agora que não veio
o homem, podia ter-me ferido
ou saído a buscar outro, e perdido;
mas pratico com vantagem a apneia

e a domesticidade. É pena
que me esqueça tanta coisa; foi
sorte saber da lamela — eia, pois
advogada nossa — dormir serena.

HÓSPEDE SUSPEITO

Incrível como os nossos sofrimentos
não sintonizam e eu tanta vez
precise confirmar a decepção —

Caia a pele, perdida do que fez,
estou numa altura aflita, é inclemente
o ar é longe e perigoso o chão.

Parva e muito triste. Não somos bons
senão cúpidos e inconsequentes.
E eu regresso aqui porquê? que não

resulta — Tem-me sido esquiva a graça
de ombro alheio, quanto mais nudez —
Só, pois, de falta e vitimização

decorre esta insistência estúpida,
e não atenua, creio, a descalça
lembrança — flash — de ávida fusão

e alguma alegria absoluta.
É sempre raro o homem que me abraça
porque eu peço. Muito menos tu.

Agora muitas vezes só me toco
e muito mais me basta que embalar-me
em cartonada aspereza de palavras
com quanto me castiga este meu corpo
à falta de criar eu morro um pouco
e já a nada chego se a mão estendo
aí escurece insisto por instantes
só onde contraio me desfoco
até ninguém me amar. O que me aquece
me seca e envergonha tudo nu
me cerca — tão voraz eu fui das chamas
que agora me consumo, não inflamo
ou quase não, nem tudo,
onde hajas tu —
espia estou aberta enternece-te

ANIVERSÁRIO (II)

Passou o dia desta vez sem que lembrasse
que teríamos feito anos. Não faz mal
tanto assim que as efemérides no geral
acendem o rancor, e já nos traz cansaço
sofrer das vezes todas, e mais depois
de partir o que foi comum; o desacato
porque o outro levou consigo o retrato
tirado por um enquanto eram os dois

— éramos —

nós. Ora aí está, dispense-se a poesia
de flexões de sintaxe e da narrativa. Haja
a sensatez de não querer decifrar nada

onde sempre de toda a forma fraqueja a
claridade. Pôs-se o luto, recolha cada
um o fumo do braço, o que acha que sentia.

AGOSTO

Agosto, sim, rigoroso Thomas,
é o mais fácil mês para ficar louca;
perdem os corpos pela roupa pouca
com frequência a pele e arde atrás

crudelíssimo o sol, isto se estás
há muito insone e sentes seca a boca
enquanto aos outros nus assiste a troca
escura e tátil que a febre satisfaz

e justifica. De resto, as sombras
foram todas tomadas por casais
como deve de ser. E já a mim

sequer a lua ou um leque cobrem.
Não chega amor na noite de chacais
e melgas. Escrever ainda assim

RESSABIADAS

Talvez lá no fundo acredite
que os seres humanos são todos sensivelmente
os mesmos em toda a parte, mas então
necessariamente as mulheres são mais.
Costumes que frequentamos:
o arame da loiça, os panos dos pratos, os ganchos e as linhas
do estendal, a vinha-de-alhos, o fogão,
o alguidar, guardamos os restos, torcemos
os trapos, os nossos recados, os nossos sacos,
os nossos ovos.

Certamente que eles, em grande maioria,
escanhoam os queixos e gostam
de arejar, mas são médicos, polícias,
engraxadores, economistas
e os vários naipes da banda filarmónica
nós somos todas domésticas, mesmo

assim não nos entendemos, e
nem serve escrever isto
que o maniqueísmo em traços largos
resvala na aldrabice, e a poesia
vem dos anjos já se sabe
carecidos de sexo.

E aliás que me rala a mim,
levo a minha vida e tenho o amor
de que não desconfio
e se consolo o cio e a fome
decerto falo de cor,
nem é por isso que me doem os calos
mas por causa dos bicos
dos vossos saltos
no desnível dos soalhos, refinadas
galdérias que se tomam a sério,
pestanas certeiras e beiços
que brilham, línguas que estalam
e mamas que chispam

corada invoco a imagem mal tirada
da fêmea recortada ao macho que a conforma;
sei que desminto qualquer laço comunal
e seja como for ninguém pediu
o meu palpite, pelo que não me habilito
e me desquito, acinte
mudo, era eu

quem estava mal.

ASSEMBLEIA POPULAR

Mais tempo gasto, admito, a passar
mal por relativo amor e altivez
do que a fazer política
e prezo sobre o consenso
o rasgo original.

demo-crítica:
tísica herança do burguês
de génio que nega ser geral
o raio que trilhou seu ideal
e deixa que o isente a lucidez
da rota rigorosa da unidade
além da sua esfera. Mais consola

levantar os óculos à verdade
suspensa ao clamor mudo lá do fim
da literatura onde não rola nada
exceto, além das massas, o sublime.

Precário verso se
o gesto não
redime paira só
na frouxa linha acima
dos meus ombros
onde ruo assolidária
sem assombros.

RECONHECIMENTO

querida Sylvia Plath ainda um dia havia de escrever
sobre ti coleccionei-te ou pelo menos conheci
o tipo fisguei-te logo na fotografia de jovem pin-up
provocadora álacre que (se acaso te aludiam
ao que serias na vida) com graça respondias
serei poeta e célebre não quero ser serei
como se dizer fosse já concretizá-lo como
se a promessa dada da palavra não pudesse
reconsiderar. engano.

a procura quotidiana do assombro regulado
por depressões intercalares matinais
despertadores sacudindo o sono o mal
disfarçado prazer da rotina seguido
de aperitivo servido com mordomias de mulher
maravilha fada do lar arguta companheira
e depois tardes inteiras invocando em vão as parcas
economias da poesia
e depois súbitas ganas de violência sanguínea
e depois nada   paralisia.

ó a cósmica angústia que grandiloquente
substituías ao comezinho azedume
da fortuna literária dane-se Sylvia
francamente inútil sondar o poço
da promissora adolescente prematuramente
morta.
Impossível recuar *Et pourtant* dirás
recuamos sempre perseguimos só
os que vão atrás de nós os precursores
que de seu alto cerúleo areópago

com sentencioso alvitre de poetas
nos cilindram.

Ted
e Ted Ted Ted Ted Ted Ted
o enigma que dizem as más línguas
apurou a arte em que serias exímia
até um dia teres deixado de ensaiar
Ted o esposo o amante o pródigo magnânimo
titã intelectual sentimental necrófago
do afecto,

ou a fatal atracção dos animais que se semelham
quando o laço que caça é o olhar reprovador
do retrato ao espelho.

de chofre sem apelo fulminante
de feroz voracidade a Lucidez
lucíssima senhora lázaro
dos passos da poesia pela via dolorosa
Sylvia paralítica da palavra-salto sobres-
salto,

repousa lá em paz eternamente
e viva eu cá na guerra de arco em riste.

poderosa arma de conhecimento esta
palavra-
-funda
palavra de arremesso.

TALVEZ A INJEÇÃO LETAL

tão cansada de engolir
comprimidos sem dormir
do meu sexo que se embota
do coração que se esgota
esticado na horizontal
sob uma agulha sensual
e a sopa na panela
embacia-me a janela
e sorvo mas sem palato
sem ter forças para o salto

se há uma falha um abalo
Dickinson Plath Woolf Kahlo
onde foram estavam loucas
queriam coisas eram ocas
queriam chique eram pedras
queriam arte eram merdas
tentando o voo eram estacas
punho em riste eram farpas
fornos hortos seu delírio
nunca foi santo martírio

ANNA KARENINA

Desconfio, Tolstói, que não nos estávamos a entender:
Deixei que me pintasses por ter lido algures
não ser raro o artista tornar-se o retratado
mas cedo admito surpreendi em mim os teus trejeitos
que eu era um modelo às tuas poses obedecia inclinava-me
consoante me olhavas abstraía-me quando diluídas
tuas pupilas na função de me não veres erecta não havia
qualquer desejo entre nós eu simplesmente morria
no fim sabias disso desde o início eu sem qualquer mansidão
devo dizer-te esperei que mudasses de ideias não consegui
jogar contigo seria aliás delicado não me teres matado assim
como no início mas ias lá defraudar tão fáceis auspícios
prevendo homem cruel de antemão entre todos que jamais
me escreveram o deselegante desfecho meu corpo
de mulher perdida ao assalto da locomotiva os braços ao acaso
não balançavam quiseste partir-me e veres de que me fazia
tiraste-me um filho tiraste-me dois deste-me mais que um homem
e sequer em troco te ocupou montar-me passe o obsceno chiste
achaste que devia perder-me mas foi quando comecei a cansar-te
e todos os sobrenomes e o espírito e as relações que me atribuías
fruto de um complexo sistema linguístico polida a falsa
intimidade nada daquilo me dizia tal como os meus olhos
repara não foram nunca escuros e tão pouco coruscantes
que o magnetismo é coisa de animal eu queria
ser pessoa sem disfarçados cordéis sem truques eu queria
tréguas mandava às urtigas o teu romance eu queria
a verdade ao passo que tu com critério julgavas escolhias
o tom pastel que melhor me assentava e dizias são escuros
enquanto eu para variar tentava ver-me no teu papel e claramente
te fixava custou tanto que não pude desistir e afinal depois
de tanto esforço entendi absolutamente nada eras quem

me lias e eu quem não existia e esse enjoo
da fêmea em que se entra e a outro voo é interdita já então
eu definhava sob tua pena hirta pouco fui
capaz espreitando por teu ombro de corrigir-te a mão
bom seria sermos quites porém ainda não em paz.

CHRISTINA ROSSETTI

meigos grandes nada cépticos secos
os olhos de corça esgarçada à roda
lança

longos louros soltos em vagas
breves nunca crispadas
cabelos

Christina mansa amante pré-rafaelita
no leito recolhe se cobre semelha
receio

tolhe branca a túnica hirtas
tersas as formas dos seios ao canto
paira

aflora sobre a auréola a sombra
de Gabriel o irmão. também faz versos
concita

com-paixão.

EMILY DICKINSON (III)

as minhas mãos vão ficar dormentes
e logo cessará o sopro. É líquido
o ar zumbe e um susto paralítico
nos cobre dum lençol turvo recente

calado o rouco corpo rijo e tudo
o mais quieto tudo tão decente
de cera o rosto tristes os parentes
urdida ardência pressentido absurdo

o rumo — tema tantas vezes tétrico
a tentar a escrita o hiato disto
e a luz efervescente além do atrito

onde não morre verme não se extingue
fogo. Na hora esperarei seguir
ansiosa no redor de pó e éter

MEDEIA

[*Lugar baixo, rancor surdo, tremenda
raiva* — *o despeito da mulher
ao centro e o sensato coro atrás.*]

Diz-se que matou o próprio irmão,
que descende do Sol e solo bárbaro,
e que, deslumbrada por jovem prático
e pouco espiritual, lhe deu
um animal de lã dourada. Ele
porém ainda quis um trono, outro
matrimónio e o mando dum país.

Quando uma feiticeira chora invoca
demónios que invocam malefícios.
O escritor, atento ao móbil, fixa
os joelhos da semideusa mágica
e empático pinta-lhe na boca
a palavra trágica: eu nada quis
para mim, por ti só tudo fiz.

E o mundo entretém no seu decurso
o público. Do crime participa
quem dele tira prémio ou espanto —
E o pranto corre a cada livre gesto
e o excesso com que sofre nos consola
o sobressalto. E o manto que tece
sufoca em chamas e excita deveras
o sangue a correr e a carne a arder.

Resta um par de cadáveres infantis
aos pés do pai: o céu está vazio
e ninguém saiu ainda da sala.
Para concluir o acto o génio
declara solene que ali se ama
e mata sobre a cena. Não mais
discursos. Inclina-se e repousa
a pena com a ponta de veneno.

PRENDAS

Cabalmente instruídas mas
pouco experimentadas
somos as cabras-
-cegas da literatura.
Sustém-nos o tédio
e a lonjura sujeitamos
o verso a tarefas prendadas
e a frase lavramo-la com
a mesma fastidiosa ternura

dos trabalhos de costura:
raros acontecem os poemas
um ror de vezes a escrita
sob censura traça-se
um verso emenda-se
a mão o avesso não
falta à compostura.

o mundo repartido
em rimas assi-
métricas cesuras contra
tempos, rotundamente
Fracassamos.
Por que não escrevemos?

Porque as nossas vidas são falhas
de convulsões e a palavra é
Arte dócil como nós
e paciente aguarda
e pega no talher com
etiqueta e leva
só com todos já
servidos
a apurada
refeição à nossa boca.

SOPHIA DE MELLO BREYNER ANDRESEN

Quanto pesou, senhora, a grande lista
no seu nome? d'outra água, o ph
tornando claro que não vem de cá;
o duplo l, cedendo maneirista

mas bom tom. Nem falta aliteração
à letra de alheios mapas: arcano
da Grécia, drible da Dinamarca
com lendas de cavar o coração.

Tudo alentava, mas só o Elísio
lhe dava contra-parte a suas fomes.
Muito disciplinava, mas o vício

de mar, os cigarros, não, ah! ímpetos
de sol e de peneiras, seus cognomes
contra-dicção de lindos versos limpos

MAYA DEREN

Mas se uma enrola o novelo
a outra destorce a meada.

A que enovela é severa,
a que desmancha treslouca.

Pouco se move a que enrola,
a outra vibra com a boca
mas não se ouve o que fala —
apenas estica e deslaça
o fio que oblíquo se esgarça.

Aquela que mira a que larga,
de hirto rosto tal osso
denso caroço emaranha —
e vai-se tornando mais só
e a outra sempre mais estranha.

Até que resta uma corda —
e a que de riso se embala
toda de mãos espirala
e lavra o ar como ave…

A que é sisuda não fala
volve-se ainda mais grave;

Solta-se a primeira, leve,
flutua como rameira —
as mamas de luz arqueia
e frustra a espera e a teia.

(A outra, do sério semblante,
olha uma inerte cadeira
agora sem ocupante.)

MARIANNE MOORE

para a Diana

"Eu cá também não gosto, há mais coisas
além deste desconchavo", dizia Marianne
Moore da poesia. De resto, conseguia
ver mitocôndrias e as demais
pequenas vidas — olho fixo
na miúda mancha de aguarela
comprimida entre vidros de lamela
redonda a pupila em maravilha
prévia ao mistério: saber o que era.

Mais importa observar ou designar?
Eu erro no olhar receio às vezes
esqueço a árvore onde deixei as chaves
e o caderno, depois não sei chamar
o quê, espécie ou parentesco, ache embora
sossego na língua arcana dos plátanos
atrás das placas do jardim botânico.
Portanto sirvo mal, sou outra, fora
do baralho, turista aqui em tanto

do que me dá prazer e algum trabalho.
Mas não está dito ainda (ou está) se insisto
à minha pouca escala nisto eu
é porque não desligo e toco e falho
no material à vista, língua
crua clara em bruto céu

A IMAGEM ROMÂNTICA

Há outras coisas, Horácio,
e a tua filosofia é barata,
na verdade não custa fixar
as coisas ideais à distância:
terás vista panorâmica
mas sempre a visão é polémica.
Gostava que alguém me mostrasse,
mas não terei nunca garantia
de que envelhecer faça sentido.
As pessoas prostram-se, queremos que nos digam
porquê não haver luz nos seus rostos. Crestam
os cravos, antes rubros. Não há modo
de saber se as monarcas
têm memórias arenosas de lagarta.
Tudo sucede dentro de estanques
casulos, a seda é densa
não se faz ideia
se isto acaba. Estrelas foscas
correm, pessoas morrem, a vida
é breve, impávido o
real se esquiva a designar.
Comparar é colidir: o verbo
talvez nos leve
a mais nenhum sinal.

NOVA ESTAÇÃO

para a Mariana

sabes o estupor do mal, acreditas
em Deus mais que na inclusão já
que tantas vezes Deus parece não
incluir, tu mesmo entesouras cromos
de exceção; porém perfilhas Hegel
na fé, na ágora escolhes Kierkegaard
que esqueces, a quem voltas, fazes *como
se*, procuras, de fora, reunir
e cantas *in extremis* percorrendo
o Tao para deixar e não agir

CHAT

Em Mercúrio, Sexta-feira, a sonda
detectou duas crateras de auréolas
sombrias. Apresentam ambas bordos
quase intactos e muros de socalcos

segundo especifica o endereço
http://messenger.jhuapl.edu/
(anoto e espero que o poema
seja eterno e o link não). Cliquei

para ampliar a imagem, e dentro
vi pequeninas covas circulares
como as que na areia faz a chuva
ou nas fontes as moedas dos desejos.

Também por via Messenger te encontro
e troco novidades, mais veloz
do que a luz, mais ágil o gracejo
do que o próprio pensamento, faísca

o espaço — onde chegamos, sem risco
já de nos tocarmos; os dois estamos
cheios de buracos — e nem é grave
se soubermos flutuar. Em tudo isto

ainda há algo como um halo fundo
e um radar que é como água gotejando
por degraus, que inquieta mas seduz
e nos deixa sombrios intactos sós.

SEGUNDA HABITAÇÃO

para o João

A casa que também recuperou:
Tambor, serrote, o cinzeiro roubado
por despeito de mal feito serviço —

agora à sua falta em torno isto
tudo do sofá arrastado à rua
e aspergido à mangueira pelo estofo —

agora ao canto à porta, precioso
na luz do vale que bate a sol posto.

E o fosco amigo, casquilho novo
resultará?
      — agora que empeça
em alargar o perro pensamento

sem halo, hesitante e na certeza
da perspetiva que confere o objeto —
da vida o afeto
        e extenso este
ao uso, à conversa, ao esquema ínvio
          da natureza

AMARO

Quando o homem pisou a lua no café do meu avô
eu não estava lá [escrevi sobre isto antes por outra
causa mas (montagem, conspiração, solas ufanas de improváveis
galochas de lustro astronómico arrastando um pé retocado
pelo ângulo do vento bafejando ouro azul rubro e branco
e pura *Americana forever*) nem sempre há de ser o mesmo
poema; neste o tema serve o desenho de quem era o meu avô:
ele tinha um café e um televisor ainda raro na altura, caixa
cúbica que todos convocou em torno ao espaço, só eu não;
eu era ainda para nascer e por isso lamento quando chegou
o primeiro homem eu não estava lá] em Vendas Novas

e o café ficava em frente ao quartel e os mancebos
treinavam para o ultramar enquanto salazar julgava
ainda governar Portugal mas também não esteve lá
e se calhar nem viu nada se calhar nem ouviu se calhar
nem deu por nada mesmo supondo um transístor rouco
seguro pela débil mão junto ao débil coração vacilante
da cadeira de onde já tinha caído sem ter percebido
porquê, desconhecendo os mancebos e estes em paga
ignorando já quase tudo dele todos olhos e reparo
todos postos no futuro todos sôfregos na respiração
de Neil Amrstrong lá longe na lua na televisão do Amaro

preto no branco o dominó em tampo de mármore em câmara
lenta derrubado passado tempo guerra regime ó leve coração
efémero o meu avô no meio do café a serradura era neve
de botas cardadas na lua que ele limpou quando voltou
a tropa ao quartel de fantasia em forma ele só atencioso
ele desperto afã de cuidar de varrer como sempre fazia
ele pepitas semi-acesas eram estrelas fabulosas da alegria
eu não estava lá nem estive quando anos após (eu tinha
dezoito) o coração dele parou eu soube como um soco
a primeira vez que alguém morria a lua não tremeu não se via
o meu avô pela sua fé sem qualquer tecnologia tornou ao céu.

ALICE

Coração-martelo, caixão-pregos, paixão-fraude.
Shakespeare morreu em abril num velho calendário
escreveu "as alegrias extremas têm fins extremos"
e lavrou com pena o óbito do amor romântico.
Desde aí montes de amantes são estudos de caso
nos centros de investigação do ocidente mulheres e homens
são manuseados pela nuca devorando-se mutuamente
e às trevas — com que dificuldade se reconhecem no flúor
de faróis, ecrãs, salões vários de escritórios e hotéis
— vasculham-nos, arrumando pela madrugada os silenciosos
azuis, que têm sonhos mais magros que salários.

Espero de ti o que não te ocorre perguntar, tenho
para te apontar este mundo cheio de lapsos.
O mundo está cheio. De mortos que não chegam
a cair. O mundo está cheio de mortos que são vivos
de pouca sede. O mundo está cheio de jovens
que escorregam em sonos sólidos em dois dias ressuscitam
ao terceiro sem redenção, sem ninguém que lhes verifique
o pulso ou o que tomaram ou lhes deram em excesso.
Peço de ti desculpa e compreensão pelas tantas deceções
que o garrote da maturidade não estanca, descobrirás

um dia o que é tremendo de enfrentar. O mundo está cheio
de adultos sem separáveis de soluções cambaleiam
por cima de ondas sobre longas falhas tectónicas, o mundo
está cheio de apáticos convulsos terremotos domésticos
torpedos em casas de repouso pitorescas vilas varridas
do mapa onde havia praças piscinas gasosas e matinés
de domingo, havia cruzamentos e esquinas e olhos brancos
vagabundos voltados ao céu. O mundo está cheio de arames

grandes migrações para lugares piores inoculados
de bolores que não saram mas disparam os índices
das publicações científicas, tu morarás um dia onde terás

de balançar — de que acidentalmente espero encontrarás
cambiantes. O mundo está cheio de revoltos que são
ambivalentes mansos desenrolando rolos negros
de linóleo onde nada se pode ler; cobrem com eles
minas das guerras de todos os pais, rejeitam pacientes
dotes milenares de insensatez e resolvem que lhes resta
traçar movimentos de dança contra o precário amparo
de haver chão onde cair. Espero de ti justiça, franqueza
e desconhecimento do medo e resistência a teorias
da conspiração se possível a par da inteira imaginação
dos outros, a distração que treina o turista para a coragem.

Pensamento mágico quanto baste, filha, espero acharás
coincidentemente: que a tua existência resultou em parte
do encontro de intensidades; ter havido absolutos
e aflições, ajustes de colisões, juras retocadas, vergonhas
readmitidas, correspondências interrompidas, injúrias
de afetuoso pormenor. Espero de ti não menos e tudo
mais: o tipo de humor capaz de acertar e relevar
ao arrepio da indiferença, o esquecimento que nos dá
deslumbrarem-nos aspetos sucessivos sem anterior
recordação, solicitude, curiosidade, o filtro
amoroso doce se possível na mínima diluição.

CADDY

Pensei imaginar-te outra vez nua entre
coisas brancas panos nuvens ovelhas e
camarinhas frutos pequeninos que os teus
dentes brancos ligeiramente inclinados
para a frente para um beijo para mim
trincam e tu tapas a boca com a mão
e cospes caroços desenhas nos lábios
um sorriso de vestal apanhada pelo sol

e tu à procura os meus olhos rasos
de assombro fundo rasos a sobrevoar-te
dentro do teu corpo maculado de ternuras
de ferida de raivas surdas de mínimos
tumores de marcas ausentes de todos
os amantes que tu não quiseste que
te quiseram morder tu não deixaste
até um dia te cansares de ser virgem

chegares a mim a tremer tu à procura
eu a detestar-te por alguém tinha de
haver alguém a quem detestar no teu
lugar em vez de ti se nem a mim ao fim
de contas tu não deixaste eu não pude
nunca tocar eu tenho os dedos brandos
mas só o silêncio grande os teus olhos
rituais mesmo assim mesmo quando

coloquei a minha cabeça no teu colo e tu
quase acreditaste e eu a querer-te vingando-
te cheiro a primavera dentes nas tuas costas
puros frutos tu negando nós um uníssono
a desejar que fosses talvez menos bela e tu
de desdém a beleza que te gastava tu sabias
e sabias e resignavas-te e eras um adorno
um risonho sacrifício de castidade passavas

a fingir que eras mais alta do que eu
eu consentia tu eras mais alta do que eu
e todos os que consentimos nos lembramos
de ti assim e fazem-se grandes rodas
de choro por ti e eu fico só choro-te só
a rasgar os retratos onde não apareces a
saudade dos teus gestos rendados das tuas
veias em teia à volta de dedos um rosário

de fios de lustro é assim que eu me lembro
de ti e os deuses olímpicos e os serafins
melindrados e todos quantos se lembram
de ti e ainda que se calhar nem sempre
tivesses nas mãos a claridade das violetas
eu recordo-te agora tinhas de certeza
violetas nas mãos quando foste embora
eu vi porque lá fora ainda havia dia

SEGUNDO AMOR

Quando estás só tens as manhãs todas
de organizar o mundo; preciso grito
intenso aqui agora. Lembro-me de ti
já nem tantas vezes assim, lembro
o que fomos à noite o dia desmentiu.
Mas também às vezes especialmente
querendo com isto — o quê — a pele
sempre lisa, o futuro de ocasiões, só
sim, só lamento o corte, recrimino
algumas unhas de raspão, triste espera
o que houve rasteiro, o que de alto
me falta, pouco limpos passes da vida
e terna, sinceramente, tua, Guida.

ROMA

para a Catarina

cachos de flores rosa clarinho a crescer
sobre campas anãs em latim
e um obelisco com homens de há vários
mil anos em serpentina para o céu

algumas paredes todas de heras
uma ponte de pedra sem braços sobre o Tibre
com líquenes rápidos que lembram
as palavras *villa di campagna*

ruínas com ares condicionados nos andares de cima
e mercados de relíquias reprodutivas — 2 por cinco euros

vicino ao Palatino, um parque eduardo sétimo cheio
de mais uns quantos mortos a despontar da gravilha
das ondas das ervas. Mas nenhum cão dá por mim

num céu sobretudo azul encrespado de nuvens
a condizer com os anéis grisalhos de certos querubins

chiese por toda a parte — nas abóbadas os humanistas
pintores descobriram a visão 3 D
mistérios, simpósios e aparições em
frescos de tintas manuais, antecipam a ilusão mecânica
do cinerama. Maria guardava todas estas coisas
em seu coração; eu sou turista, tenho uma objetiva
de auto-focagem e os rolos não revelam mais

IMPÉRIO

para o Ricardo

Em Janeiro é manhã na Ponte Vasco da Gama
e os monstros da cidade sossegados da insónia
não veem raiar prateadamente o rio
à luz. Que por isso nos pode acolchoar e
colorir abstratos nodosos cordões das algas.
Nos arrozais resvalam garças brancas e homens pretos
com frontais à cabeça contra o escuro consolados
pela borracha húmida recolhem para o balde
bivalves corredias criaturas e o mal
que fazem não estraga o bem que sabem.

MEDITERRÂNEO

The scum are coming.
We shall arise and go now

Levantamo-nos e lá vamos
Per carità partiamo

Por caridade partamos
Let us go then you and I

Andiamo via dì quì
É desamparar a loja

The hell out of here
Que o diabo vá prós quintos

Tell the devil to bug off
De barquinho

— in a rubber dinghy
Nous allons, suivant

le rythme de la lame.
Vamos ao ritmo das ondas

Following the wave's sway
The rhythm of the mud

A rima da lama.
Vámonos alejados del mundo

We leave the world at bay
Aleijados da pátria

Deported hobos
Vagabundos dos portos

The scum of the quay
La piú vile canaglia.

Saúde aos maltrapilhos!
Long live the squandered.

DIES IRAES

para o Rui

pela porra toda de mesquinhezes e rancores e prepotências
e conspirações silenciosas ou resmoneantes e pelas
barreiras e pelas defesas pelas guardas pelos chuis mais
as suas mãos brandas de manteiga e por todo o laxismo
oportunista e pelo deixa-andar e pelos maus olhados e os
vodus e pelas aparências do que deve ser e do que convém
dizer e pelas pedras lançadas nas jenys e nos pretos e nas
ciganas e nos libaneses e nos larilas em todos que deviam
ser nossos semelhantes mas que desgraçadamente não
atingem a nossa fasquia e por aqueles que me cobram para
conseguir chegar à minha casa ou para poder deixá-la e
até se cumpro os semáforos aceleram para me magoar
hoje é daqueles dias em que se me esvai a confiança na
humanidade e que estou com um pó que só seria solúvel
se pulverizasse duma vez e para sempre a louça toda e
mandasse pastar a caritas paulina que já o João mais
amado que decerto deus conserva à sua beira devia estar
como eu de pena em punho ao rubro das revelações

TORRE DA CANÇÃO

*[na morte de Cohen
com mimo ao poeta
do décimo verso]*

Quem dera de baixo um sino
balido metal, resíduo
rebate venal, toxinas
loucas no corpo ruído

caem borras e suores
onde dói antes se gozava
(os beiços regougam mel
a trova riscada de cor)

No barril podre do afã
venda-se a manhã burra
a desoras surdem ímpetos
fazem-se fanicos rudes

(um frouxo ranger de leque
a seda nas pregas puída
golfo oco, faúlhas cinza
ar roxo, opacas sílabas)

Nascer-me-ão cãs no púbis
e uma míngua malograda
de hubris, um pirolito
acre rolha a própria língua

SUBIDA AO PICO

para a Nathalie

Era ali sem aviso de cima
que alguma poesia começa

mas dei o flanco não aguento —
vertigem ao rés da promessa

medindo mais que o lance: inóspito
panorama absoluto ao topo
do globo.
Escala de demónios
que os intrépidos ignoram.

Mas eu só sei de trechos, filmes,
fotos. Idealizei subir
e subi e nada vi. Estive
estarrecida pela descida

(óxido férreo, bagacina
precipitando a colina, eu
paradoxalizada face
a como passar) vácuo
e alto

Larguei em minha frente as filhas

covarde lassa impreparada
sem coluna dorsal, nada
seguindo a trilha de barriga
de gatas de rojo nas rochas réptil

no poço do firmamento, ridícula

X-ATO

É altruísmo,
complacência
hubris ou *satori*
logo eu, aceitar
escrever polidamente
versos a perfurar
o nervo do mundo?
Ter vaidade ou servir
público de todas as idades
(recearei, como Brel,
definhar baladeira
poetèsse pour des gens
finissants
se o que mais queria era
ser bela e sacana também
ao menos uma hora inteira)

sem contar com o pó
que o meu ex me tem
(radical não é para canalha
sublime não se abardina
poesia não é telefonia)

Antes marimbávamo-nos
para a salvação mansinha
tínhamos o amor absoluto
e o desprezo bruto
tínhamos precipícios
convenção abaixo
e fraternidade acima
— ou disso nos gabávamos

mas nem pestanejaríamos
por seviciar uma galdéria
em nome do assunto sério
e candente da arte

Avante, como se queria,
e tanto que se balança
num castelo assombrado
por fantasmas desses dias
nossos corpos — não talhados
para os mútuos lançamentos
às jugulares do espírito —
ganhando bafio como frascos
de sofrimento azedo
e espessas películas
de borco na emulsão
pelos pulsos luminosos
da líbido

Houve, sim, igualmente primavera
em nossas vidas paralelas
— traças fugazes
pairamos na ascensão:
lepidópteros
de que faz troça
a luz

Então escolhes os copos
raspando das ressacas
o oleoso rancor
a transbordar na tremura
das minhas asas
— tive de espalmar

o teu torcido caráter
esfarelá-lo entre páginas
de linhas más
feias, pequenas.

Então eis-me chegada
a escrever poesia
para telefonia
multilingue e com contrato
de universal simpatia
— propagação inoxidável
pelo ar
sem profano resvalo, faca
na ferida, salto no calo —
estipêndio à peça
sem contar
que cínica

me havias de achar, meu doce
amante *hypocrite*
devasso leitor
que eu não desdenharia
retalhar

por um verso perfurante.

LANÇAMENTO

Cinco poetas sofrem entre luz forte e preto entre
os quarenta e os sessenta sentados a uma mesa
numa cave. E o seu reino com os sopros e os
metais, seu reino com frontispícios de bigodes,
pagelas de grandes mestres dolorosos, não é
deste mundo. Há uma escada que liga ao piso
térreo, eu estou sentada no topo, logo em modo
alegórico, sobrolho franzido, começo. Começo
sempre pelos princípios e sobreponho-lhes gente:
a guerra espaventosa a doida comédia da ramóina
o fogo hostil aberto a olhos rombos esses eu
trilho por mais que sumida a labareda como
o cão Kerouac esses pelas lombas filo fisgo
ziguezagueio só esses. Fumar a vida inteira

até roer o osso gordo, uma faceta gótica
que nos valha, vão-nos os dentes mas ficam
as coroas, se não se mata a fera a fome
mata-nos. Quero eu cá saber de apocalipses.

CONFISSÃO PASCAL

Gosto de terraços, andares elevados
com vistas de luz, horizontes de ondas, certas asas contra
céu de lilás nublado ao ocaso da ponte no regresso
ao cosmos como conchas de íris, colchas de retalhos
do turvo coado quando se separa a limpidez
Gosto de sossegados mirantes com reflexos róseos
gasosos
de espumante

Nunca quis uma herdade uma horta um herbário
por mais que me comovam os sobreiros nos montados
as azedas claras prímulas margaridas zonzas borboletas
a seda em especial dos cravos, a surpresa
vermelha das papoulas
Meu campo de há muito é a minha bicicleta
com um desígnio de duna ao fundo e por baixo dela imensa
a rouquidão do mar meu esforço de corpo penetrando-o
a frio, em pelo, até à solução
da sede na pesada transparência

Aquartelei temporariamente em barcos
onde conheci o mergulho do alto
no silêncio no denso azul inteiro intacto vasto

e namorei marinheiros motards estrangeiros
eruditos oitocentistas com pretensão de artistas
amantes de música que dedilhavam os instrumentos
para me afastar dos amigos que voltaram quase sempre
com motejos de bobos suicidas — generosos bombos
espalhafatos de bolbos e urtigas

Também gosto de comboios e dormi duas vezes

com um maquinista de elevadores
fora o fraco que tenho por designers, fotógrafos
documentaristas, operadores de câmara, que sendo meio
cega lhes animo deslumbres pornográficos
ao passo que a mim convêm os disparos (nem sempre
acabei por cima, vezes houve

força que me pôs de rojo me suprimiu ar
embora hoje a carne fale menos ou cale quase
posso regular melhor aprender a domar
vaipes abortar rancores tendo remorsos vários
a idade é um poço mas dá à viagem da dor o antídoto
da bondade se bem que raramente veja nisso vantagem)

Recordo ainda quando fui gajeira subi a
enxárcias até ao cesto onde comuniquei
por morse as manobras ao meu primeiro interesse romântico
e ele pouco após
sucumbiria de vício que eu não sabia

mas certas ocasiões escalei uma árvore
para me pedires abrigo nos caíres da tarde
contigo — não numa casa era um quarto
numa pensão ronceira à praça com o nome mais nítido
da cidade prometida
no cimo da colina aí se fazia amor contra
lavabos sem asseio contra
telhas esconsas de musgo a chuva miúda contra
termos acreditado ternos e marcados que o
iríamos repetir por toda a vida

Se eu fosse comedida nesta cena praria o balanço
e por que não? vou ser
se parece o poema conseguir aqui um pouco
endireitar o torto
na confissão não se canta em revista ao que se deu
e desfez não basta não nos oferece pena para saber
nem a parte mais díspar e rápida
e sumida

do que nos intriga ou ferindo ressuscita

RUI COSTA, CABEÇUDO, POR TUDO

Começou com um sinal ao lado dos teus óculos escuros, Não,
o princípio foi um rebordo à noite onde quiseste ensinar-me
a soletração de versos, Não, reinicio: o pequeno almoço
num café pequeno numa rua comprida
com pernas para o mar
e dons rodrigos enxovalhos de lustro postos à mesa, Não
há de ter sido só quando esticámos
as mãos elas escorregaram
e nos encostámos aos peitos os dois
chocalhavam tu riste-te eu
fiz-me de parva, Se calhar foi aí porque escrevemos sobre isso
entendendo cada um à sua maneira como sempre se
fez, Eu adverti logo aliás não tinha nenhuma esperança
que viéssemos a coincidir alguma vez tu achaste claro
muito bem feito porque assim queríamos constantemente
aprofundarmo-nos sempre aos apalpões a ver onde derretia
quando lá no fundo doía não encaixarmos perfeita
mente, Só que sim é um privilégio acontece menos
vezes do que os dedos encontrarmos alguém
a quem queiramos continuar a bater como
disseste que me fazias a vida toda quando apertaste por
baixo dos meus braços a resistência dos materiais, E há de
ter sido gentileza não justificares apesar do orgulho
de cumprir proezas não contamos os princípios nem os fins

fico pois à espera que apareças atrás
de um sms com uma tarte
de maçã encostada ao focinho, Que
não te cansa o jogo de fazeres
todos os gestos importantes entre
portas para depois te pores ao
fresco como se nada fosse e largas daqui
porque tens um handicap
muito menor e patas maiores e queres
ver outros bichos cheios
de perguntas, Por mim punha era o vestido de Espanha para
rodopiarmos aos casais de sucesso
entre os bem-pensantes com
licença vou escrever sobre os teus
livros todos muitos palavrões

MULHER AO MAR - UMA REVOLUÇÃO

Nada melhor para comemorar um derrube de regime do que assistir ao vivo a outro derrube de regime. E é isso que esta noite nos espera. Parece-se este encontro, de facto, com uma festa. O 25 de Abril também pareceu. Tornam-se ambos em festas graças à bondade das próprias circunstâncias. São festas porque podem. No entanto, nenhum conspirador adivinhava que o 25 de Abril era um passeio. Vieram para as ruas com os tanques e com espingardas, não com cavaquinhos. Verificou-se, felizmente para todos, um inesperado entendimento entre a guerra e o sonho, entre o espectáculo e a sua recepção, que ofereceu o seu palco à audiência e transformou numa coreografia de beleza o que estava planeado para ser uma coreografia de combate.

Um rompimento assim a si mesmo se espanta. Perde as margens. É um dos casos em que o novo ocupa espaço, sem se achar preparado para isso. Ninguém sabia ler aquela coisa que se estava a passar. Enquanto não se lhe pôs uma forma sossegada, uma assembleia, uma constituição, um modelo europeu em vez daquela festividade sul-americana com padres, soldadinhos, palanques de improviso, lidámos com uma vida frágil e fascinante que nos queimava as mãos e se extinguia. Viu-se que havia, sim, ali um baile, uma bondade e uma bebedeira que, a serem humanos, pelo menos não eram nossos contemporâneos e não podiam respirar por muito tempo este ar de fim de civilização. Pois tínhamos o novo, mas não tínhamos linguagem política para ele. E por isso deixámo-lo morrer. Por culpa de ninguém. Era uma pura incompatibilidade biológica e existencial. Como aqueles filhotes de lince concebidos e nascidos em cativeiro. Não houve amor capaz de os manter vivos.

A que vem tudo isto? À data de hoje? Sim, evidentemente. Mas não é por acaso que aludo à falha da linguagem como condenação para o novo da política. É que temos aqui uma revolução, a queda de um regime literário. Nas mãos do novo. E com linguagem para durar.

Surpreendentemente, o lugar em que o novo deveria encontrar um espaço propício para se impor foi ocupado, com um grande alvoroço, pelo velho. Onde julgámos que podia haver sustentabilidade para o confronto, achamos uma artrose. Onde o suposto autor dispôs de um campo de edição infinito, desperdiçou-o para repetir, para imitar modelos falecidos. Assistimos, nos blogues, à subserviência, à poesia em vestidinhos de cambraia – a que os mais habilidosos põem rima, os menos põem uma prosa adolescente cortada em bocadinhos, para fingir. Há eviden- temente subversão na internet, uma gloriosa reescrita colectiva. Mas o assunto puramente criativo do indivíduo nem sequer estrebucha. Está deitado sobre a esterilidade realista e o fanado lirismo de janela. Pois tudo continua a ser a gasta, a vulgar linguagem. E os autores continuam a ser bem comportados e repetitivos, confundindo o seu pântano com o mar. Largaram o caderno e imaginam que assim se modernizam. Reproduzem, afinal, os encontros para o chá.

Na verdade, o novo nunca foi uma questão de suporte. Stravinsky fez o que fez com os instrumentos musicais pré-existentes. Diaghilev fez o que fez com a mesma matéria corporal que já entretivera os reis franceses. E, ao contrário de certos experimentalismos que nem sequer conseguem irritar, a literatura nova far-se-á com os dispositivos de linguagem que desde há muito vêm existindo. Indo por dentro deles, estragando-os e pegando no estrago da palavra. Indo por dentro da intimidade, pondo as mãos novamente na origem. É um trabalho sujo, de amassar.

Para o novo é necessária muita força. A exemplo de Orff e de Stra- vinsky, de Nijinsky e Isadora, o fundamento para a estética que leva o escândalo ao burguês busca-se no recuo, no arcaico. O novo não se atira para o vazio. Como a mulher ao mar, vai mergulhar num elemento ainda mais antigo, no caldo inaugural da humanidade. Aí procura o seu motor de violência e aí o recebe. Deixa à vista o princípio e o fim da caminhada. Mostra tudo o que feriu com a sua lança, tudo o que fende e ofende uma lisura de onde o estremecimento se sumiu. O símile do novo é o arcaico. E é um arcaico que se desrespeita. Beijamos a mão antes de a cortar. O novo é um pupilo que empunha a lâmina.

O arcaico é intrinsecamente feminino. Tem essa força, essa multiplicidade de seios da grande deusa, a mãe mediterrânica, a mulher venerada, a matriarca. E a força do novo deve muito ao que ainda nos vem do subterrâneo, da humidade e da escuridão, daquilo que é redondo e que se deita. Não admira que em certas formas de vanguarda das artes haja mulheres, ainda quando tudo as empurra para trás. Que levem o quotidiano para o poema, que lhe intercalem certos palavrões. Ou que sejam abstractas na pintura. Isso não é, porém, ainda, o novo. É um atrevimento algo grupal, enquanto o novo é sempre singular. Não é Vieira da Silva: é Paula Rego.

Na escrita, o novo pega na massa poética, assegurando que os ingredientes são os mesmos de sempre – a palavra, a prosódia, a rima, o lírico, a evocação e a invocação. Não pretende dar origem ao irreconhecível, mas ao reconhecível que se estranha, à familiaridade estilhaçada. É a infiltração de uma desordem, de um descaramento – essa mulher de Rilke que bruscamente afasta as mãos do rosto de maneira que ele vai colado nas suas palmas, deixando, por momentos, o nada em seu lugar. É todo o atributo feminino que sai do sítio. E a mulher grita por socorro, no momento em que perde o equilíbrio, e corre um grande risco porque muda de elemento vital. Ainda grita o seu mayday porque a mudança e o desastre parecem geminados. Corre o risco por ela e por nós todos. É, de certa maneira, um batedor.

Nesta *Mulher ao Mar*, o novo irrompe. Irrompe exactamente do rasgão que produz no arcaico. É o recém-nascido que matou na exsanguinação do parto a mãe, mas que não se liberta dos seus genes. Ao longo dele, vamos deparando com espartilhos formais, glosas, sonetos. Com pesadas palavras já não ditas, anelo, cenho, cilício, tersas. Estas convivem com um léxico da vulgaridade, a que não falta mesmo a F-word, com um léxico da domesticidade, com fortes marcadores da escrita pós-moderna, com emblemas do lirismo – "como lira a estridência dos nossos corpos de sombrias raparigas" –, com certas importações de dicionários específicos: petéquias, película sobre-exposta, parafina. Com o mundo dos chats, os links e a sonda a Mercúrio. Se o léxico de Cesário ainda surpreende, preparem-se para a surpresa estes leitores.

Deparamos também com uma agilidade que será tudo menos inocente. Não se trata de brincadeira de crianças, de *jeu de role*, de *playing games*, que gratificam e esquecem a seguir. Começamos com a Nau Catrineta e com as filhas do capitão que não estão quietas a bordar no seu jardim: são parcas, bárbaras e mouras. Ouvireis.

Ao longo do que ouvirdes, achareis como os ligeiros elementos do quotidiano se agrupam brutalmente, produzindo um corpo muito denso que devora quem dele se aproximar desprevenido. A manha feminina atravessou os séculos, servindo como única armadura para as disputas. Ainda hoje está espalhada pelas casas, pelos espaços comuns, bem camuflada, sob as "prendas", como antes se dizia, a costura, a cozinha, as qualidades de uma fada do lar. A insolência espreita, há uma navalha de ponta e mola oculta nos bordados. Ouvireis igualmente o diálogo autoral com Sylvia Plath que quis jogar às loiras e falhou (repousa lá em paz eternamente / e viva eu cá na guerra de arco em riste), com Emily Dickinson, a suspensa que escreve no suspenso, de branco, em voluntária reclusão,

Christina Rossetti, a irmã virginal, e até mesmo a imprecação de Anna Karenina que se revolta contra o seu criador: "Eu mandava às urtigas o teu romance".

A que com elas fala alcançou já o outro lado do poema, aquele em que pode dizer o que quiser, como quiser, com as palavras que quiser. E, se presta tributo às formas rígidas e aos temas herdados, é porque pode. Estendendo a pata de felino que não tem fome primária e usa a presa para se distrair.

Registe-se, aliás, a honestidade: Cat People, evocando o filme de Tourneur, dá o aviso sobre o salto que é o livro. Também aqui há uma Irene à espreita. O animal abriu a própria jaula.

A pata da autoria vai pisando para além dos territórios conhecidos, alcança campos cada vez mais largos. Com Margarida, entramos pela selva, isto é, pelo até agora inexpugnável. Sob o impacto do poema, sob o som de uma fera que caminha, vemos surgir aquilo que se en- terrara, vemos falar aquilo que emudecera, vemos dançar aquilo que estava preso.

Sinais inconciliáveis conciliam-se: a forma rigorosa do soneto incorpora a sua própria destruição (intrusão de versos: Aniversário II); a inspiração pítica – ainda o feminino, a mãe serpente derrotada pelo deus da nova estirpe, Apolo – coexiste com o trabalho de auto punição, também ele catártico, e com o trabalho de arte, o artefacto, o artifício, o lavor (Declaração de intenções). O poder regenerador e apotropaico da palavra, no qual as sociedades mágicas se alicerçavam, exerce-se, à maneira desses mundos, pelo ritual e pela crueldade. Apraz-me muito regressar, num texto novo, à palavra ainda não utilitária, ainda não serva, ainda não feita para passar mensagens. A uma palavra física, temível, que às vezes se atirava para matar. Nós já não praguejamos, já não tememos o malefício da palavra; vivemos, pois, imensamente aborrecidos. Mas se o texto nos segreda sobre aquilo que a palavra ainda guarda, sobre os seus perigos, sobre a ajuda que nos dá,...

Poderosa arma de conhecimento esta,
Palavra-
-funda
Palavra de arremesso (in *Reconhecimento*)

…quem sabe se aqui não começou uma outra era, outro derrube de regime noutro Abril?

HÉLIA CORREIA
25 de Abril de 2010

Este livro foi composto em Baskerville no papel Pólen Bold para a Editora Moinhos ao som de *Hoje eu quero sair só*, de Lenine.

*

Era abril de 2021.
Os hospitais brasileiros tinham suas UTIs com capacidade acima de 90%. Beirávamos o caos.